당신을 위한, 당신의 삶을 풍요롭게 할
아주 소중한 선물입니다.

《아들아, 사랑하게 해줘서 고마워》와
이 책《아주 소중한 선물》을 쓴 작가 이옥련입니다.
의료사고로 장애를 입은 아들과 20년 동안 사랑하고,
사랑을 나눈 소중한 날들을 통해 사랑과
구원의 주님을 전하는 증인으로 살아가고 있습니다.
꼭 한 번 읽어주세요. 감사합니다.

세상의 울림, 영혼을 풍요롭게 하는 올리브북스

풍성한 삶, 행복한 삶을 꿈꾸는 당신을 위한

아주 소중한 선물

이옥련 지음

올리브 북스
Olive Books

죽음 이후의 세계

죽음은 생명의 끝일까요? 새로운 생명의 시작일까요?

1분 후에 일어날 일도 알 수 없는 사람이 어떻게 죽음 이후의 세계를 알 수 있을까요?

사후 세계는 우리의 이성으로는 절대로 알 수 없습니다.

모든 사람은 죽음에 대한 불안, 두려움, 공포를 가지고 살아갑니다.

얼마 전 월간 〈신동아〉에 '죽음의 문 넘어'라는 칼럼이 소개되었습니다.

사람이 죽으면 영과 혼이 육체를 이탈하는데 기절한 것처럼 점점 의식이 희미해져 간다고 합니다. 주위 사람들의 당황하는 소리, 의사를 찾는 소리, 그리고 의사의 사망 선고 소리도 듣는다고 합니다. 가족들이 죽은 사람의 육체를 부여잡고 오열하는 것을 보고 내가 여기 살아 있다고 말해도 그들은 들을 수가 없습니다.

하지만 죽은 사람은 육체 밖에서 가족들이 주고받는 얘기를 모두 들을 수 있습니다. 그 증거는 그가 기적적으로 살아나 그들의 대화 내용을 모두 알고 있다는 데 있습니다.

영혼이 육체에서 분리될 때는 터널을 통과하는 것처럼, 로켓이 공중에서 분리되는 것처럼 자신도 모르는 사이에 급속히 육체 밖으로 빠져 나옵니다. 자신의 죽음이 믿어지지 않고, 육체는 빈껍데기 같지만, 새로운 몸을 갖고 있다는 것을 깨닫게 됩니다. 그리고 예전처럼 보고 느끼고 생각할 수 있다고 합니다.

예수 그리스도를 진실로 믿고 그분의 말씀대로 산 사람은 절대자(하나님 또는 빛) 앞에 서는 체험을 합니다. 예수님을 믿고 천국 간 가족이나 친구를 만나기도 합니다.

하지만 예수 그리스도를 믿지 않은 사람은 그의 일생이 마치 심판에 대비하듯 순식간에 모조리 재현되는 체험을 합니다. 불 속에서 울부짖고 신음하며 고통받는 사람들을 만나고, 구원받지 못하고 먼저 죽은 가족이나 친구들의 처절한 모습을 보기도 합니다.

이 공포는 말로 표현할 수 없습니다. 영혼은 육체 밖에서도 감각이 있는데, 육체 감각보다 더 예민하다고 합니다.

육체가 죽는다고 해서 존재의 메인 스위치가 꺼지는 것은 결코 아닙니다. 마치 컴퓨터 프로그램의 운영체계가 도스에서 윈도우로 바뀌어 작동하는 것과 유사하게 정신은 다른 차원의 운영체계로 작동을 시작합니다.

그렇다면 죽음 이후의 삶을 어떻게 준비해야 할까요? 천지를 창조하시고 사람을 창조하신 하나님은 어떻게 세상을 디자인하셨고 사후 세계에 대해 말씀하셨을까요?

성경은 천국과 지옥이 있다고 분명히 말하고 있습니다.

천국은 마치 밭에 감추인 보화와 같으니 사람이 이를 발견한 후 숨겨 두고 기뻐하며 돌아가서 자기의 소유를

다 팔아 그 밭을 사느니라(마태복음 13장 44절).

예를 들어, 아기가 엄마 뱃속에 있을 때 엄마는 태교를 합니다.

"아가야, 네가 태어날 세상에는 엄마와 아빠도 있고, 비행기, 기차, 맛있는 음식 등 참으로 많은 것들이 있단다."

뱃속에 있는 아기에게 엄마가 많은 이야기를 해도 아기는 이해할 수 없고 느낄 수 없습니다. 보지 못하고 지혜가 없으니 엄마의 뱃속이 세상의 전부인 줄 알고 살다가 달이 차서 태어나면, 엄마의 얘기가 옳았다는 것을 알게 될 것입니다.

아기가 바로 우리입니다. 이 세상을 살면서 천국과 지옥이 있다, 없다 많은 말을 합니다. 사랑하는 사람이 죽으면 영전에 국화 한 송이 바치고 좋은 곳(천국)으로 갔을 것이라고 스스로를 위로하고 다른 사람들을 위로합니다. 이것은 본능입니다. 사후 세계가 존재하기 때문입니다.

그렇다면 어떤 사람은 천국을 가고, 어떤 사람은 지옥을 갈까요? 그리고 그 기준은 무엇이고 누가 결정할까요?

죽음은 육체와 영혼이 분리되는 현상입니다. 육체는 흙으로 지음 받았기 때문에 흙으로 돌아가지만, 영은 하나님께로 돌아갑니다.

죽음을 '돌아가셨다'라고 표현하지요. 왔던 곳으로 다시 갔다는, 즉 하나님께로 다시 갔다는 뜻입니다. 번데기도 때가 되면 허물을 벗고 실체인 나비가 되듯이, 우리의 영혼도 죽음으로 육체의 허물을 벗고 실체가 되어 하나님께로 돌아갑니다.

> 만일 땅에 있는 우리의 장막 집(육체)이 무너지면 하나님께서 지으신 집 곧 손으로 지은 것이 아니요 하늘에 있는 영원한 집(천국)이 우리에게 있는 줄 아느니라
>
> (고린도후서 5장 1절).

하나님의 창조

세상에는 많은 책이 있습니다.

사람들이 철학과 종교생활을 통해 나는 누구인가? 어디서 왔는가? 어디로 가는가를 알기 위해 평생 공부하지만 알 수 없습니다. 우리가 미래를 아는 것을 하나님께서 막아 놓으셨기 때문입니다.

세상 역사와 인간 역사를 모르기 때문에 빅뱅(폭발)으로 우주가 우연히 존재하게 되었고, 원숭이가 진화해서 사람이 되었다고 거짓말을 합니다.

작은 나사못 하나에도 만들어진 목적과 이유가 있는데, 우연히 존재하는 것은 아무것도 없습니다.

태초에 하나님이 천지를 창조하시니라(창세기 1장 1절).

하나님께서 흙으로 사람을 지으시고 생기를 그 코에 불어 넣으시니 사람이 생령이 된지라(창세기 2장 7절).

하나님은 인간의 역사를 주관하시는 분입니다. 창조주 하나님이 피조물인 인간에게 친히 스스로를 나타내 보이시고, 인간이 영원히 풀지 못하는 우주의 창조와 인간의 창조와 죽음 너머 사후 세계까지 성경에 기록하셨습니다.

원죄와 자범죄

선악을 알게 하는 나무의 열매는 먹지 말라 네가 먹는 날에는 반드시 죽으리라(창세기 2장 17절)는 명령을 어기고, 여자가 그 과일을 따 먹고 남편에게도 주었고 그(아담)도 먹었습니다(창세기 3장 6절).

하나님의 사랑으로 에덴동산에서 행복하게 살았던 첫 사람 아담과 하와는 사탄(뱀)의 유혹에 빠져 하나님께서 먹지 말라고 하신 선과 악을 알게 하는 나무의 실과를 먹었습니다. 하나님의 말씀에 불순종한 아담과 하와는 죄인의 신분이 되어 에덴동산에서 추방되었습니다.

선악과를 먹는 날에는 반드시 죽는다는 말씀대로 죽음이 왔습니다. 첫 인류인 아담의 원죄는 혈통을 따라 우리에게까지 이어집니다. 당신과 나, 우리는 아담 안에 있습니다. 우리의 유전자는 원숭이나 아메바로부터 온 것이 아닙니다. 아담이 자신으로부터 태어나는 모든 이들에게 불순종으로 인한 죄의 본성을 물려주었습니다.

그래서 우리는 태어날 때부터 죄인입니다. 죄를 지어서 죄인이 아니라, 죄인으로 태어났기 때문에 우리는 수많은 죄를 짓고 살아갑니다. 삶 자체가 죄의 굴레인 것입니다.

하나님을 배척하고 하나님을 떠난 삶, 즉 불순종이 죄이며 창조주를 부인하는 교만이 죄입니다. 창조 목적에서 벗어나 자기 뜻대로 살아가는 것이 죄입니다. 또한 예수 그리스도를 믿지 않는 것이 근원적인 죄입니다.

죄의 현상

하나님은 창조하신 자연과 사람의 양심을 통해 하나님의 존재를 보여 주십니다. 우리는 위급한 상황에 처했을 때 하나님을 찾습니다.

죄를 지으면 양심의 가책을 받고, 두려움에 숨고, 사람을 피하고 밝은 곳으로 나오지 못합니다. 그리고 마음의 평안과 웃음을 잃어버립니다.

이런 현상은 첫 사람 아담이 하나님께서 금지한 선악과를 따 먹고 행동한 것과 같은 것입니다.

죄 가운데 빠진 인간은 하나님이 창조하신 자연의 모든 것(의식주)으로 살면서도 하나님께 감사하지 않습니다.

마땅히 창조의 주인이신 하나님께서 영광 받으셔야 합니다. 그런데 인간은 썩어질 사람과 짐승과 벌레와 나무의 형상을 우상으로 바꾸어 섬기고, 하나님 자리에 앉아 핑계하고 하나님을 대적하면서 스스로를 지혜롭다고 생각합니다.

한 남자와 한 여자가 결혼해서 가정을 이루고 자녀를 낳는 것이 창조의 질서이고 법입니다. 하나님은 에덴동산에서 아담과 하와를 위해 최초의 가정을 만드시고, 생육하고 번성하고 땅에 충만하라고 하셨습니다.

지금 이 하나님의 질서와 법이 무너지고 있습니다. 하나님의 창조 질서와 가정을 파괴하는 것은 무서운 죄입니다.

이 모든 것이 하나님을 대적하는 사탄의 음모라는 사실을 깨달아야 합니다.

곧 그들의 여자들도 순리대로 쓸 것을 바꾸어 역리로 쓰며 그와 같이 남자들도 순리대로 여자 쓰기를 버리고 서로 향하여 음욕이 불 일듯 하매 남자가 남자로 더불어 부끄러운 일을 행하여 그들의 그릇됨에 상당한 보응을 (에이즈) 그들 자신이 받았느니라(로마서 1장 26–27절).

소돔과 고모라가 이 죄 때문에 하나님의 불과 유황 심판을 받고 멸망했습니다. 동성애는 무서운 죄입니다.

하나님이 없는 사람들은 그 마음이 상실되었다고 성경은 말합니다. 불의, 탐욕, 살인, 분쟁, 시기, 비방, 하나님을 미워함, 교만, 자랑, 부모를 거역함, 악함, 무자비함, 무정함, 이 같은 일을 행하는 사람은 사형(지옥)에 해당한다고 했습니다. 이런 것들이 죄의 현상입니다.

지금도 많은 사람이 하나님을 떠나서 자기 마음대로, 마음에 하나님 두기를 싫어하는 죄인의 모습으로 살아갑니다. 이것이 죄의 모습입니다.

죄인인 우리는,

첫째, 하나님과의 관계가 끊어졌습니다.

그래서 스스로는 하나님께 나아갈 수 없게 되었습니다.

둘째, 육체의 죽음입니다.

셋째, 영원한 죽음(지옥)입니다.

누구도 거부할 수 없는 죽음(육체)이라는 관문을 우리는 통과해야 합니다.

심판

한번 죽는 것은 사람에게 정해진 것이요 그 후에는 하나님의 심판이 있음이니(히브리서 9장 27절).

살아생전에는 하나님을 거부하고 알지 못했어도 죽은 후에는 반드시 하나님과 대면해야 합니다. 죽음의 문제를 우리 스스로 해결할 수 없듯이, 죄의 문제 또한 해결할 수 없습니다. 스스로 구원에 이를 수 있는 사람은 세상에 한 명도 없습니다.

종교행위(참선, 미사, 구도, 예배, 기도 등)로는 죄 사함을 받을 수 없습니다. 인간에게는 선이라는 개념이 처음부터 존재하지 않기 때문입니다. 선하신 분은 오직 하나님 한 분뿐이라고 성경은 말합니다.

　인간의 행위로는 결코 하나님의 요구를 만족시킬 수 없습니다.

　예수님은 생각과 행동으로 짓는 죄를 동일한 죄로 정의하십니다. 형제를 미워한 자는 이미 살인한 것이고, 여자를 보고 음욕을 품은 자는 이미 간음한 것이고, 남의 물건을 탐내는 자는 이미 도적질한 것이라고 성경은 말합니다.

　우리는 좋은 일을 많이 하고 주위의 인정을 받으면 천국에 갈 수 있다고 생각합니다.

　누구든지 온 율법을 지키다가 그 하나를 어기면 모두 범한 자가 된다(야고보서 2장 10절)고 성경은 말합니다. 즉 다른 사람을 마음으로 한 번만 미워해도 그 죄 때문에 천국에 갈 수 없다는 것입니다.

죽음 후 하나님 앞에서의 심판

하나님은 모든 행위와 모든 은밀한 일을 선 악 간에 심판하시리라(전도서 12장 14절).

지으신 것이 하나도 그 앞에 나타나지 않음이 없고 우리의 결산을 받으실 이의 눈 앞에 만물이 벌거벗은 것 같이 드러나느니라(히브리서 4장 13절).

하나님은 인간에게 100퍼센트 선을 요구하십니다. 하지만 인간의 힘으로는 절대 불가능합니다. 하나님은 예수 그리스도를 통해 불가능을 가능하게 하셨습니다.

하나님은 예수 그리스도의 피를 통해 우리를 판단하십니다.

보혈의 피로 죄가 사해진 사람은 거룩한 자, 의로운 자, 하나님의 자녀, 죄가 없는 자, 천국 백성, 구원받은 자로 하나님께 인정을 받습니다.

우리의 죽음도 내 마음대로 할 수 없듯이, 하나님의 심판은 그 누구도 피할 방법이 없습니다. 죽음은 죄의 형벌이고 죄의 결과입니다. 죄를 심각하게 생각하십시오.

인간이 죽는다는 것은 죄인이라는 증거입니다. 죄인의 길에서 의인의 길로 돌아서야 합니다. 돌아서지 않으면 영원한 멸망인 지옥입니다.

하나님 앞에서 죄의 심판을 면할 길은 오직 예수 그리스도를 믿는 믿음뿐입니다.

천국

하나님이 계신 천국은 평화롭고, 따뜻하고, 은혜가 충만하고 기쁨과 환희가 가득합니다. 하지만 죄가 있는 사람은 절대 들어갈 수 없습니다. 하나님은 완전하시고 거룩하시기 때문에 죄인은 들어갈 수 없는 것입니다.

모든 눈물을 그 눈에서 닦아 주시니 다시는 사망이 없고 애통하는 것이나 곡하는 것이나 아픈 것이 다시 있지 아니하리니 처음 것들이 다 지나갔음이러라(요한계시록 21장 4절).

다시 밤이 없겠고 등불과 햇빛이 쓸 데 없으니 이는 주 하나님이 그들에게 비치심이라 그들이 세세토록 왕 노릇 하리로다(요한계시록 22장 5절).

인간은 내일 일을 알 수 없고, 우리의 생명은 아침 안개처럼 사라질 수 있습니다.

하나님이 창조하신 아름다운 자연과 이 세상은 하나님께서 거하시고 예수님의 자녀들이 살아야 할 천국의 작은 정원에 불과합니다.

천국의 길은 황금이고 성곽은 각종 보석으로 만들어졌다고 성경은 말합니다. 마치 엄마가 맛있는 음식을 만들면서 자녀에게 조금 떼어 맛을 보여 주는 것처럼 이 세상의 삶은 천국의 맛보기입니다.

하지만 이 세상의 삶은 죄로 인해 고단하고, 외롭고, 지치고, 고통스럽고 사랑이 메말라가는 나그네 인생입니다. 천국을 향해 가는 도중에 잠시 머무는 정거장에서 고통의 삶을 살다가 지옥으로 간다면 누구를 원망하겠습니까? 나그네의 여정을 영원한 삶으로 착각하면 안 됩니다. 진짜 인간의 삶은 천국에서 이루어집니다.

천국은 인간의 언어로는 그 황홀함과 찬란함을 표현할 수 없다고 천국을 다녀온 바울 사도는 말합니다. 예수 그리스도께서 이 천국으로 여러분을 초대하십니다.

지옥

지옥은 영원히 꺼지지 않는 불 속에서 고통하고, 신음하며 사망이 왕 노릇하는 곳입니다. 귀신과 사탄의 처소로 슬피 울며 이를 갈면서 영원히 삽니다. 지옥은 마귀와

귀신들을 위해 지어진 곳입니다.

또한 하나님 나라에서 하나님께 교만하고 반역해서 쫓겨난 타락한 천사들이 영원히 거하는 곳입니다. 하나님 나라의 영광을 맛본 천사들이 하나님의 자녀인 인간을 유혹해서 죄를 짓게 하고, 예수님 믿는 길을 훼방해서 지옥으로 가게 합니다.

옛날 시골에서 쓰던 큰 가마솥을 기억하시지요? 빈 가마솥에 장작불을 지피면 솥이 벌겋게 달아오를 것입니다. 그 안에 굵은 소금을 집어넣어 보세요. '타닥타닥' 소리를 내면서 튀어 올랐다 떨어졌다 할 것입니다. 하나님은 지옥을 이렇게 묘사하셨습니다. '사람마다'라고 말씀하셨으니 분명 사람이 가는 곳입니다. 불로써 소금 치듯 함을 받는 곳이요, 구더기도 죽지 않는(생명이 존재함) 곳이요, 불도 영원히 꺼지지 않는 곳입니다.

만일 네 눈이 너를 범죄하게 하거든 빼버리라 한 눈으

로 하나님의 나라에 들어가는 것이 두 눈을 가지고 지옥에 던져지는 것보다 나으니라 거기에서는 구더기도 죽지 않고 불도 꺼지지 아니하느니라 사람마다 불로써 소금 치듯 함을 받으리라(마가복음 9장 47-49절).

사람들은 사랑의 하나님이 어떻게 인간을 지옥에 보낼 수 있냐고 항의합니다.

하나님의 속성은 거룩함과 공의입니다.

하나님의 사랑은 십자가의 죽음으로 나타내셨고 믿는 사람에게는 죄 사함의 길을 열어 놓으셨습니다. 단 우리가 이 세상에 살아 있을 때에만 그 기회가 있습니다. 그 사랑을 농담으로 여기고 예수 그리스도를 거부한 사람에게는 공의로 나타나십니다. 즉, 죗값을 심판하십니다.

세상에도 교도소가 있습니다. 교도소는 죄의 대가를 치르는 곳으로 하나님 심판대의 모형입니다. 범법자들을 방치하는 것은 공의가 아니듯이, 하나님께서도 죄인들의 죗값을 방치하시면 그것은 하나님의 공의가 아닙니다.

반드시 죽은 후에 죗값을 심판하십니다.

생명과 빛이 되시는 예수 그리스도

여러분은 자녀를 얼마나 사랑하십니까? 자녀가 부모의 말을 거역하고 문제를 일으킬 때, 교도소에 가서 실컷 고생하고 나와 새 사람이 되었으면 좋겠다고 생각할 수 있습니다. 하지만 막상 자녀가 교도소에 간다면 어떻게 해서라도 나오게 하려고 최선을 다할 것입니다. 자식에 대한 부모의 사랑은 세상에서 제일 크고 조건 없는 사랑입니다.

하나님의 사랑을 조금이나마 느낄 수 있는 것이 아마도 부모와 자식 간의 사랑일 것입니다. 하나님은 우리를 구원하시기 위해 주님의 모든 것을 대가로 지불하셨습니다. 바로 하나님의 아들이 육신이 되어 우리의 죄를 사하는 희생양이 된 것입니다. 우리의 죄 때문에 하늘 영광 버리고 사람으로 이 세상에 오신 예수 그리스도가 우리의 구원 주이십니다.

그는 근본 하나님의 본체시나 하나님과 동등 됨을 취할 것으로 여기지 아니하시고 오히려 자기를 비워 종의 형체를 가지사 사람들과 같이 되셨고 사람의 모양으로 나타나사 자기를 낮추시고 죽기까지 복종하셨으니 곧 십자가에 죽으심이라(빌립보서 2장 6-8절).

이것이 바로 인류를 향한 하나님의 무한한 사랑을 표현하시는 방법이었습니다. 인간의 몸을 입고 이 땅에 오신 예수님은, 머리에는 가시관을 쓰시고 채찍질로 온몸의 살이 다 떨어졌습니다. 손과 발에 대못이 박히시고, 조롱과 멸시와 침 뱉음과 말할 수 없는 박해를 받으셨습니다.

우리가 지옥에서 받아야 할 죗값을 십자가에서 그 육체의 피를 쏟으시므로 대신 받았습니다.

그리고 십자가에서 우리의 모든 죄를 사하셨음을 선포하시고 돌아가셨습니다. 사흘 만에 부활하셔서 지금은 보좌 우편에서 성도들을 위해 기도하고 계십니다.

우리가 지옥에서 영원히 당해야 할 고통을 예수님께서 직접 당하시고 천국 갈 수 있는 길을 그 육체의 죽음으로 열어놓으셨습니다.

예수께서 이르시되 내가 곧 길이요 진리요 생명이니 나로 말미암지 않고는 아버지께로 올 자가 없느니라(요한복음 14장 6절).

다른 이로서는 구원을 얻을 수 없나니 천하 인간에 구원을 얻을 만한 다른 이름을 우리에게 주신 일이 없다 (사도행전 4장 12절).

예수님은 2천 년 전에 이 세상에 오셔서 죄의 문제를 해결하셨습니다. 예수 그리스도를 믿는 사람에게는 그

나라(천국)를 선물로 주시겠다고 약속하셨습니다.

만약에 여러분의 아버지가 아주 큰 부자여서 여러분이 태어나기도 전에 큰 집을 마련해 놓고 세상을 떠나면서 내 아들이 장성하면 집문서를 전해 주라고 한다면 어떻게 하겠습니까? 아마도 우리는 선물을 받는 것처럼 기쁨으로 그 집문서를 받을 것입니다.

하나님께서 내가 너를 위해 이 천국을 선물로 주고 싶다고 말씀하시면 망설이겠습니까?

너희는 그 은혜에 의하여 믿음으로 말미암아 구원을 받았으니 이것은 너희에게서 난 것이 아니요 하나님의 선물이라 행위에서 난 것이 아니니 이는 누구든지 자랑하지 못하게 함이라(에베소서 2장 8–9절).

영접하는 자 곧 그 이름을 믿는 자들에게는 하나님의 자녀가 되는 권세를 주셨으니(요한복음 1장 12절).

'영접한다'는 것은 예수 그리스도를 인정하는 것입니다. 내 죄를 위해 피 흘려 돌아가시고 그 피가 내 죄를 깨끗이 씻어 주신다는 것을 믿는 것입니다.

육체의 생명은 피에 있음이라 내가 이 피를 너희에게 주어 제단에 뿌려 너희의 생명을 위하여 속죄하게 하였나니 생명이 피에 있으므로 피가 죄를 속하느니라(레위기 17장 11절).

우리가 아무리 선한 일을 많이 하고 자신의 목숨과 전 재산을 다른 사람을 위해 내놓아도 우리의 선으로는 죄 사함을 받을 수 없고 천국에 갈 수 없습니다.

죄인인(아담의 원죄) 사람의 피로서는 죄 사할 능력이 없습니다. 오직 완전하시고 죄 없으신 그리스도의 피만이 죄 사할 능력이 있습니다. 예수님 외에는 우리에게 구원의 길을 열어 주시는 다른 이름이 없습니다. 이것이 하나님의 법이요 진리입니다.

세상의 종교는 인간이 교주이고 인간 스스로 길을 찾아 나섭니다.

선한 길, 의로운 길, 죄 사함 받는 길을 찾고 깨닫기 위해 어떤 사람들은 세상을 등지고 금욕하면서 수행하지만, 결국 그 길에는 공허와 두려움뿐입니다.

왜냐하면 인간이 교주인 세상 종교에는 참 안식과 영원한 생명이 없고, 종교 행위로는 죄 사함을 받을 수 없기 때문입니다.

기독교는 종교가 아닙니다. 생명입니다.

내가 하나님 아버지를 찾아 나선 것이 아니고 아버지가 나를 찾아 하나님 나라에서 세상으로 내려오신 생명과 신비입니다.

교회는 그분을 만난 증인들이 하나님께 찬양과 감사로 영광 돌리는 공동체입니다.

예수 그리스도를 만나면 뜨거운 눈물과 감격과 안도와 진정한 쉼과 삶의 목적과 이유를 알게 됩니다. 그리고 참 평안과 행복이 있습니다. 왜냐하면 예수 그리스도만이 죄에서 자유하게 해주셨기 때문입니다.

성경은 우리에게 무거운 율법을 지키라고 요구하지 않습니다. 다만 인간이 그 율법을 온전히 지킬 수 없는 죄인인 것을 깨닫게 합니다. 또한 율법을 완성하신 예수 그리스도만이 유일한 구원 주이심을 알려주는 하나님의 사랑의 편지입니다.

인생의 무거운 짐을 하나님 앞에 내려놓으십시오.

수고하고 무거운 짐 진 자들아 다 내게로 오라 내가(예수 그리스도) 너희를 쉬게 하리라(마태복음 11장 28절).

진정한 그리스도인은 죄에 대하여 민감합니다.

죄를 용납하지 않으시는 하나님의 공의 앞에서 주님의 십자가 고난을 생각하며 죄짓고 회개하고 같은 죄를 또 짓고 회개할 수는 없습니다.

그런즉 너희는 먼저 그의 나라와 그의 의(예수 그리스도)를

구하라 그리하면 이 모든 것을 너희에게 더하시리라

(마태복음 6장 33절).

이 세상의 삶은 더 하시는 하나님의 은혜이고, 진정한 삶은 영원히 살아야 할 천국입니다.

값없이 주시는 하나님의 사랑을 선물로 받으시기 바랍니다. 이 예수님을 마음으로 영접하기 원하십니까?

다음의 기도문을 마음으로 믿고 입술로 고백하십시오.

하나님! 저는 지금까지 하나님과 아무 상관이 없다고 생각했습니다. 하지만 이것이 죄이고 하나님을 대적하는 일이며 불순종인 것을 알았습니다.

내 죄를 스스로 사할 수 없음을 고백합니다. 이대로 죽는다면 지옥에 갈 수밖에 없음을 알았습니다. 저는 죄인입니다.

지금 이 시간 예수 그리스도를 나의 구주 나의 하나님으로 믿습니다. 오직 예수 그리스도 보혈의 피만이 저의 죄를 용서하실 수 있습니다. 예수님께서 십자가에서 죽으시고 부활하셨음을 믿습니다.

이제부터 제 삶의 주인은 하나님입니다. 제 이름을 생명책에 기록해 주시고 천국 백성이 되게 해주십시오.

하나님께서 이 모든 말씀을 성경에서 약속하셨음을 믿습니다. 아주 소중한 선물을 주셔서 감사합니다. 예수 그리스도의 이름으로 기도합니다. 아멘.

건강한 교회에 출석하셔서 지속적으로 말씀을 듣고 성경을 읽으십시오. 성경 말씀은 거울이고 우리의 믿음을 성장하게 합니다. 거울을 통해 자신을 볼 수 있듯이 말씀을 통해 우리가 죄인인 것을 깨닫게 됩니다. 말씀은 청진기입니다. 청진기로 병을 찾아내듯이 말씀만이 우리의 질병인 죄를 찾을 수 있습니다.

이 시간 이후의 시간은 내 것이 아님을 기억하시고, 우리의 이름이 생명책에 기록되어 천국에서 다시 만나기를 간절히 소망합니다.

아주 소중한 선물

첫판 1쇄 펴낸날 2016년 8월 10일
첫판 18쇄 펴낸날 2024년 3월 19일

지은이 이옥련
펴낸이 김은옥
디자인 황지은
펴낸곳 올리브북스

주소 인천시 부평구 부평대로 153
전화 032-233-2427
전자우편 olivebooks@naver.com
블로그 blog.naver.com/olivebooks
인스타그램 instagram.com/olivebooks_publisher

출판등록 제2019-000023호(2007년 5월 21일)

ISBN 978-89-94035-32-1 03230

세상은 행동하는 사람에 의해 움직입니다. 소중한 경험, 따뜻한 시선을 가진 원고, 참신한 기획의 소재가 있으신 분은 올리브북스와 의논해 주십시오. 그 원고가 세상의 소금과 빛이 될 수 있도록, 최고의 책으로 빛날 수 있도록 정성을 다하겠습니다.

총판 기독교출판유통 | 031-906-9191(전화), 0505-365-9191(팩스)